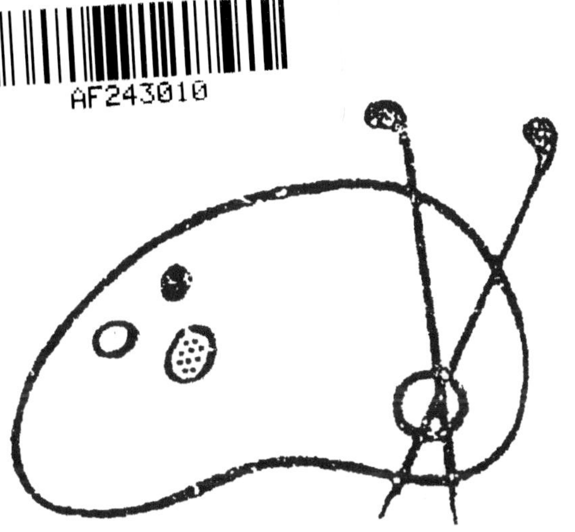

Fin d'une série de documents
en couleur

Action Populaire

SÉRIE SOCIALE

Ch. VIENNET
Secrétaire Général du S. E. C. I.

Le Syndicat
des Employés du Commerce
et de l'Industrie

FONDÉ EN 1887

Le numéro : 0 fr. 25

PARIS
Maison Bleue
4, rue des Petits-Pères, 4

REIMS
Action Populaire
5, rue des Trois-Raisinets, 5

PARIS
Victor Lecoffre
90, rue Bonaparte, 90

SOMMAIRE

Le Syndicat des Employés du Commerce et de l'Industrie

Historique.

Bien que notre imagination, qui, poétise tout, nous incline à penser le contraire, il semble que la simplicité et la pauvreté soient en quelque sorte les marraines obligées des œuvres appelées à un certain avenir. On chercherait en vain, à l'origine du Syndicat des Employés du Commerce et de l'Industrie, de brillantes doctrines et de puissants moyens d'action. Dix-sept jeunes gens, anciens élèves des Frères des Ecoles chrétiennes, se réunissent un jour, sur l'invitation d'un de leurs éducateurs, dans le but de s'aider mutuellement..... De quelle façon ? ils se permettent de l'ignorer encore, mais ils savent qu'ils réussiront, parce que leur enthousiasme juvénile s'alimente à une source intarissable et que le courage déborde de leur cœur de chrétiens et d'enfants du peuple.....

Chrétiens, certes, ils l'étaient, et c'est parce qu'ils voulaient vivre leur christianisme que les fondateurs du Syndicat se rencontrèrent ainsi dans une même pensée. Cette rencontre n'était pas fortuite, il s'en faut. Depuis longtemps, ces jeunes avaient pris contact dans les œuvres de jeunesse dont ils étaient l'élite et plus particulièrement dans l'Association de Saint-Benoît-Joseph Labre.

Fondée à Paris, en 1882, afin de compléter la formation religieuse des meilleurs éléments des patronages des Frères, l'association de Saint-Labre n'avait pas tardé à donner des résultats inespérés. Avec une foi plus vive, les associés y acquéraient des forces morales impatientes de se dépenser. La plupart trouvaient dans leur patronage même un vaste champ d'activité, mais certains d'entre eux, estimant qu'il ne fallait pas s'en tenir uniquement aux œuvres de piété, cherchaient à grouper également leurs camarades pour la sauvegarde de leurs intérêts matériels. Ce n'est pas à dire que ce point de vue eût été négligé par les bons Frères. Dès 1883, en effet, un bureau de placement central avait été établi pour les membres des œuvres de jeunesse par le Frère Hiéron, 14, rue des Petits-Carreaux. Mais cette institution, tout en rendant les plus grands services, ne comblait pas les désirs des associés de Saint-Labre. Obscurément, ceux-ci sentaient qu'ils n'avaient reçu que pour donner ; ils rêvaient d'une œuvre dont les applications multiples leur permettraient de faire passer dans la pratique de la vie cet amour du prochain qui exaltait leur âme nourrie de l'Evangile.

Vers la même époque, un groupe de personnalités catholiques avait fondé une *Union de syndicats* que dirigeait M. Pégat. C'est au domicile de ce dernier, 30, rue des Bourdonnais, et sous sa présidence, que le 13 sept. 1887, les « dix-sept » assemblés par le Frère Hiéron constituèrent définitivement le Syndicat dont la fondation remonte en réalité au 10 août de la même année.

Les statuts demandaient aux associés d'être catholiques et d'honorer leur foi par une bonne réputation. Un article, abrogé par la suite, leur imposait l'observation du repos du dimanche.

*
* *

Les débuts du Syndicat furent extrêmement pénibles. On comprenait mal ou on ne comprenait pas, à vraiment parler, le parti qu'il était possible de tirer d'une organisation de ce genre. L'activité du Syndicat se manifesta uniquement par la création d'une société de secours mutuels, « la Fraternité commerciale ». Quant à l'œuvre syndicale elle-même, elle languit pendant près de deux ans. Les syndiqués inscrits étaient au nombre d'une centaine, mais *trois* seulement payaient leur cotisation. En mars 1889, le capital social s'élevait à 17 fr. 75 !

Il fallait prendre un parti. Le 26 de ce même mois eut lieu une assemblée dont on peut dire qu'elle fut une seconde fondation. Elle élut un nouveau Conseil qui choisit pour président M. Baé, lequel se donna tout entier à la tâche. La liste des membres fut revisée soigneusement. Les statuts, modifiés, établirent deux catégories de membres : les actifs, recrutés exclusivement dans les œuvres catholiques de persévérance, et les participants, catholiques isolés, jouissant des mêmes avantages que les actifs, mais ne pouvant, en aucune circonstance, prendre part à l'administration du Syndicat. Les membres participants pouvaient être admis membres actifs après un stage de trois ans.

Ce mode de recrutement correspondait à la conception syndicale des dirigeants qui avaient surtout en vue l'intérêt personnel de chacun des syndiqués et qui se souciaient moins de faire une œuvre sociale qu'une corporation fermée, réservant jalousement ses avantages. Le principal résultat de cette manière d'opérer fut de donner à l'œuvre un effectif d'une très grande valeur et d'une parfaite homogénéité, une élite dont les rangs, quoique décimés, précèdent encore les contingents actuels chaque fois que le Syndicat sonne le ralliement de ses fidèles.

La période qui suivit fut employée à la propagande. Au mois de mai 1890, grâce au concours des Frères qui ouvraient volontiers leurs patronages aux apôtres du Syndicat, le nombre des syndiqués s'élevait à 177. Ici, nous laissons la parole à M. Verdin, l'un des premiers militants du Syndicat et son historien le plus sûr. Voici ce que nous lisons dans le rapport qu'il présenta à l'Assemblée générale du 25 juin 1911, présidée par le regretté M. Paul Lerolle, alors conseiller municipal de Paris :

« L'hiver 1890-1891 qui devait être la continuation de cette marche ascendante ne le fut pas, par suite d'un petit accident. Nous avons coutume d'être sincères et nous ne faisons aucun effort pour avouer que notre Conseil fit une erreur, erreur sans conséquence, qu'il a été le premier à constater et à regretter, en donnant au mois de novembre 1890, au cercle du Luxembourg, une séance qui laissa une perte et pouvait mécontenter nos meilleurs amis [1]. Cet insuccès ralentit l'ardeur des conseillers et ce ne fut qu'au commencement de 1891, et à la suite de la réélection pour la troisième fois du même conseil que le Syndicat retrouva son activité de janvier à juin 1890.

« Depuis cette époque, il y a eu assemblée générale tous les

---

1. Cette séance engloutit tout l'avoir du Syndicat et c'est grâce au désintéressement personnel des administrateurs que l'œuvre put survivre à ce coup.

deux mois et le Syndicat a suivi une marche régulière. Au mois d'avril, nous avons dû, à notre grand regret, changer notre siège social. M. Pégat, au domicile duquel s'étaient tenues toutes les réunions du Conseil, déplaçait son cabinet, et son nouveau local ne se trouvant plus assez central pour nos conseillers, qui viennent de tous les quartiers de Paris, nous fûmes très heureux d'accepter de ces Messieurs de l'Union Fraternelle un local qu'ils mirent très gracieusement à notre disposition, 14, rue des Petits-Carreaux ».

Dans ce même rapport, M. Verdin donnait une définition concise du Syndicat :

« Le Syndicat, disait-il, est une association professionnelle qui, dans la forme prévue par la loi du 21 mars 1884, a pour but d'unir entre eux, sur le terrain des intérêts temporels, les employés catholiques appartenant aux œuvres de persévérance, afin de leur permettre de se soutenir dans les circonstances difficiles de leur vie et de leur fournir les moyens d'améliorer leur situation personnelle économiquement et professionnellement. »

A cette époque, trois services déjà étaient fondés : le placement, la coopération, la commission d'études. Vers la fin de 1890 avait paru le premier numéro du *Bulletin du Syndicat des Employés du commerce et de l'industrie*. Cette modeste publication permet de saisir sur le vif la pensée des militants. « Nous entendons, écrivaient-ils, que le Syndicat soit pour chacun de nous l'instrument de la sécurité dans l'emploi, de l'aisance dans la famille, de l'élévation dans la position sociale... » Formule devenue célèbre et dont se sont inspirés depuis bien des syndicats similaires en France et à l'étranger. Sa mise en pratique fut l'œuvre de 1892 à 1900.

La présence d'un employé permanent à partir de février 1892 permit de consolider l'administration intérieure du Syndicat jusque-là assurée par le seul dévouement des dirigeants. Dès cette époque, un groupe important de personnalités appartenant au monde du clergé, de la science, du commerce, de l'industrie et de la politique suivait avec le plus grand intérêt la marche de cette œuvre dont l'originalité et l'opportunité commandaient la sympathie.

L'année 1893 fut particulièrement active. Le Conseil, ayant remarqué que les jeunes gens sortant des écoles chrétiennes échappaient à la propagande syndicale, s'ils n'étaient captés dès le début de leur vie professionnelle, créa une nouvelle catégorie de membres : les aspirants, c'est-à-dire les jeunes gens de moins de seize ans, jouissant de tous les avantages du Syndicat, mais n'ayant aucune part à l'administration. Les premiers cours professionnels furent fondés ainsi que les groupes, qui avaient pour but d'unir sur le terrain de leurs intérêts particuliers les employés de même profession. Au milieu de l'année, le Syndicat comptait 500 membres et, le 29 septembre, il célébrait pour la première fois la fête de saint Michel, qu'il avait choisi pour patron [1].

Le 25 mai 1896, le Syndicat se hasarde à prendre part à une manifestation extérieure. C'est le Congrès ouvrier chrétien de Reims auquel plusieurs syndiqués assistent et qui donne à M. Verdin l'occasion de présenter un remarquable rapport.

On peut dire qu'en 1898, l'organisation intérieure du Syndicat était complètement achevée, à tel point que dès cette année, il était en mesure de prêter la main à la fondation de syndicats ouvriers ayant le même esprit, mais dont deux seulement ont survécu : le Syndicat des ouvriers des industries du livre, et le Syndicat des travailleurs de la bijouterie.

L'année 1899 marqua un nouveau pas dans la voie de l'extériorisation. Le Syndicat se fit représenter par deux délégués au Congrès de la Prud'homie. Ce premier contact avec les associations ouvrières de toutes nuances devait être suivi de beaucoup d'autres, car dès ce moment, le Syndicat entendait se réclamer du droit commun et prendre position sur le terrain social. Cette prétention est clairement exprimée et légitimée dans le rapport général de l'année 1900,

---

1. Depuis cette date, la fête patronale de saint Michel est célébrée chaque année par le Syndicat. Le programme comporte une messe solennelle qui a été présidée, à plusieurs reprises, par Son Éminence le cardinal Amette.

rédigé par M. Jules Zirnheld, que nous tenons à citer comme un document significatif de l'histoire du Syndicat :

« Voici treize ans que nous vivons (les chiffres ne sont pas toujours fatals) et les 17 membres de jadis, plusieurs fois centuplés, auront demain 2.000 collègues. Cet embryon que fut le Syndicat à son début a subi un développement normal et rapide. Grâce à la prudence obstinée de ses fondateurs qui lui avaient assigné et ont su lui conserver, malgré les imprécations des ardents, un terrain de recrutement spécial, son esprit primitif est demeuré dans toute sa force et nous sommes encore ce qu'étaient nos aînés de 1887, des employés catholiques unis pour la défense de leurs intérêts professionnels. Chaque année a apporté à notre association, avec un bagage sans cesse agrandi d'expérience, une création ou une amélioration nouvelles dont la nécessité réclamée par une situation existante garantissait l'opportunité. Ainsi nous avons grandi petit à petit, dans une harmonie continue...

« Aussi, lorsqu'au courant de cette année, nous avons senti que ce corps rendu vigoureux par une éducation sévère demandait à dépenser sa force ; lorsque nous avons compris que l'heure était venue pour lui d'agir et de parler, nous l'avons laissé faire et notre Syndicat a débuté dans la vie publique.

« Nous étions arrivés à un tournant de l'histoire ; un siècle disparaissait, un autre siècle allait naître ; pour solenniser ce moment, l'Exposition s'ouvrait et l'on y avait réservé une large place aux œuvres sociales plus que jamais à l'ordre du jour. Il ne nous appartenait pas de juger l'œuvre en elle-même : une place nous était offerte, nous l'avons acceptée ; en agissant ainsi, nous pensions n'avoir pas à rougir, en tant que catholiques, des comparaisons qu'on ne manquerait d'établir ; nous comptions modestement faire un simple acte de foi ; les circonstances nous ont permis de constater que nous avions fait davantage. »

Le jury de l'Exposition, bien qu'il fût peut-être fâcheusement impressionné par le recrutement catholique du Syndicat, ne put s'empêcher de reconnaître ses efforts en lui accordant une médaille d'argent. Cette récompense, banale au fond, empruntait aux conditions particulières de l'épreuve une valeur que l'on se plut unanimement à reconnaître.

Entre temps, d'ailleurs, le Syndicat avait rencontré une autre occasion de s'affirmer. M. *Millerand*, réorganisant le Conseil supérieur du Travail, appelait tous es syndicats d'employés à élire un représentant. Le Syndicat des Petits-Carreaux, constitué légalement, figurait sur la liste des électeurs. Les meneurs des syndicats révolutionnaires de la corporation, qui s'imaginaient naïvement avoir seuls droit à l'existence et qui, tant que le Syndicat s'était organisé en silence, avaient affecté de l'ignorer, crièrent à la concurrence déloyale et demandèrent au ministre du Commerce de lui retirer le droit de vote, sous prétexte que, « n'étant composé que de catholiques, il était en contravention avec la loi de 1884, et devenait d'ailleurs un danger pour la défense des intérêts professionnels des employés ». C'était la première escarmouche d'une lutte peu à l'honneur des politiciens sectaires qui dominaient à ce moment dans les syndicats d'employés révolutionnaires, lutte au cours de laquelle le Syndicat des Petits-Carreaux se défendit énergiquement, prit à certains moments l'offensive et finit par triompher. Le ministère, bien entendu, passa outre à cette sommation ridicule ; le Syndicat put exercer son droit de vote, et, s'il n'eut point la chance de voir réussir le candidat de son choix, du moins retira-t-il de cet incident un enseignement précieux pour l'avenir.

II

Le mouvement général des idées, reflété dans l'esprit de la génération qui grandissait de 1890 à 1900, devait fatalement influer sur l'avenir du Syndicat. Les cadres étroits de celui-ci, excellents pour former les jeunes à l'étude et à la discipline, les gênaient, par contre, dans leur désir d'apostolat. On comprendra qu'ils fussent séduits par l'idéal d'un syndicalisme chrétien assez puissant pour tenir tête aux libertaires, tout en édifiant des œuvres positives de régénération chrétienne et sociale. On parlait beaucoup, à ce moment, de démocratie chrétienne et les jeunes voyaient dans le Syndicat un des organes essentiels de cette démocratie. Mais pour en arriver là, il était nécessaire, sans renier le programme primitif de l'œuvre, d'en ouvrir les portes toutes grandes aux catholiques de tous les milieux. Ce fut l'œuvre de l'assemblée générale de janvier 1901. Après de longs débats entre les tenants du recrutement à deux degrés (membres participants et membres actifs) et ceux qui estimaient l'œuvre assez solide sur ses bases pour pouvoir accueillir sans crainte de nouveaux contingents, la catégorie des membres participants fut supprimée et il fut décidé que l'on demanderait aux futurs adhérents d'être « notoirement catholiques », sans les obliger à appartenir à une œuvre de persévérance. On voit que le Syndicat ne renonçait pas, sous prétexte d'extension, à s'entourer des garanties morales indispensables.

La portée de cette révolution pacifique était considérable. En élargissant ainsi son champ d'action, en abandonnant ce caractère privé qu'il avait conservé depuis sa fondation, le Syndicat devenait sympathique à tous les travailleurs catholiques. Mieux à même désormais de parler en leur nom, il ne devait pas tarder à prendre d'autorité, dans le monde du travail, une place que l'on avait prétendu tout d'abord lui refuser.

Cette transformation correspondait d'ailleurs à l'évolution du Syndicat. Basée tout d'abord sur un concept purement individualiste, l'œuvre s'était modifiée au cours de ces quatorze années sous la poussée des idées sociales auxquelles nous faisions allusion tout à l'heure. Le sens chrétien et le sens professionnel des syndiqués avaient insensiblement et d'une façon empirique, *socialisé* le programme du début, si bien qu'en 1901, le Syndicat possédait une doctrine cohérente et solidement établie qui consistait, en somme, dans la combinaison de l'intérêt particulier de chaque syndiqué et de l'intérêt général des travailleurs. C'est là qu'éclate l'originalité du Syndicat. Nous verrons, en examinant ses différents services, qu'il a su concilier pratiquement deux idées en apparence contradictoires, deux idées dont l'équilibre constamment soutenu lui a permis de traduire en actes l'amour du prochain qui fut toujours sa véritable, sa profonde doctrine.

En 1901, le Conseil supérieur du Travail se livra à une vaste enquête sur la situation des différentes catégories d'employés. Le Syndicat, appelé comme ses confrères à y prendre part, apporta à cette enquête une solide contribution, résultat des études professionnelles de dix années, qui figure d'ailleurs dans l'ouvrage publié plus tard par le ministère du Commerce. Ces travaux, sur lesquels sont basés les différents projets de réglementation du travail des employés actuellement en discussion devant le Parlement, permirent au Syndicat de donner une nouvelle preuve de son dévouement aux intérêts des employés et lui attirèrent l'estime des pouvoirs publics, sinon la reconnaissance des syndicats socialistes qui voulurent lui faire payer cette nouvelle intrusion dans un domaine réservé. Les progrès incessants du Syndicat, son organisation remarquable, ses services importants et variés, ses 2.300 adhérents, ses nombreuses amitiés, tout cela inquiétait vaguement les sectaires, plus préoccupés de leur fortune politique que des intérêts des travailleurs. Aussi, lorsqu'en juillet, 1902, le Syndicat, répondant à une invitation qui lui avait été adressée, eut délégué plusieurs militants au Congrès national des Employés, tenu à la Bourse du Travail, ceux-ci furent brutalement expulsés par les organisateurs, sous prétexte que leur association ne se recrutait que parmi les catholiques. Cette expulsion était d'autant plus odieuse qu'en 1900, des délégués du Syndicat avaient participé à un congrès similaire ; elle ne se fit pas d'ailleurs sans que les expulsés eussent protesté énergiquement et dit leur fait aux « tristes camarades » qui s'érigeaient en juges ou plutôt en exécuteurs.

Le Syndicat ne devait pas tarder à prendre sa revanche. Au mois d'août de la même année, la Fédération des Employés de France (vaste groupement des syndicats de toutes nuances dont le siège est à *Rouen*) organisait à *Bordeaux* son 9ᵉ Congrès national. L'agent général du Syndicat, M. Jules *Guillebert,* y fut délégué et reçut le meilleur accueil. Praticien des questions professionnelles, M. Jules *Guillebert* n'eut pas de peine à présenter le Syndicat sous son véritable jour, et le Congrès, voulant honorer sa compétence, le nomma secrétaire et rapporteur d'une commission. Depuis, le Syndicat n'a cessé de se faire représenter aux Congrès de cette Fédération, et ses délégués ont toujours pris une part très active aux travaux, comme en font foi les comptes rendus publiés chaque année. Il est bon de faire remarquer que la plupart des dirigeants de la Fédération

des Employés de France professent des idées philosophiques nettement éloignées du catholicisme, mais qu'ils
surent toujours observer dans leurs rapports avec le Syndicat des Petits-Carreaux, dont ils reconnaissaient la loyauté
professionnelle, un tact parfait.

Le Syndicat n'était donc plus isolé. En dehors de la
Fédération de *Rouen*, il avait réussi à se créer d'utiles relations parmi les associations de Paris et de la province
désireuses d'échapper au joug des révolutionnaires. Ces
derniers, d'ailleurs, ne désarmaient pas, et en 1903, ils
tentèrent une nouvelle attaque, qui échoua lamentable-
ment. C'était au Congrès international des Employés, à
Bruxelles. Le Syndicat, invité par la Fédération internationale des Employés, s'était fait représenter par deux délégués : MM. *Zirnheld* et *Viennet*. Nous reproduisons
intégralement le récit de l'incident, paru dans l'*Employé*
du 25 octobre 1903, car c'est là un épisode intéressant de
l'histoire du syndicalisme chrétien en France :

..... On procède à la vérification des pouvoirs qui ne donne
lieu à aucun incident, jusqu'à l'appel du Syndicat des Employés
de commerce et de l'industrie de Paris. Au moment où nous
allons répondre, nous voyons un mouvement se produire parmi
les délégués de la Fédération nationale de France, et Rozier, se
levant, prend la parole.

« Nous formulons, dit-il, les plus expresses réserves au sujet de
l'admission de ce syndicat qui est un syndicat confessionnel. En
effet, pour être admis à en faire partie, il faut appartenir à une
religion déterminée. »

Ces quelques mots jettent sur l'assemblée une impression de
gêne et d'étonnement. On paraît ne pas très bien comprendre.
Mais déjà Zirnheld s'est levé et riposte de belle manière.

« Nous avons, en effet, dit-il, érigé notre syndicat sur un terrain
bien défini. Ce n'est point une raison pour que nous n'ayons
rien fait au point de vue du bien-être des employés. Si vous
voulez la raison de notre recrutement spécial, la voici :

« Pendant longtemps, les catholiques de France se sont montrés
réfractaires à l'organisation syndicale, à cause du caractère politique qu'elle revêtait le plus souvent. C'est alors que nous avons
eu la pensée de fonder un syndicat exclusivement réservé aux
employés catholiques, dans lequel ils pussent entrer en toute

confiance. Notre but n'était pas un but religieux, mais bien celui qui nous rassemble tous en ce moment, c'est-à-dire l'amélioration du sort des employés. D'ailleurs, je vous aurai suffisamment renseigné sur la légalité de notre association, lorsque je vous aurai dit qu'elle est notoirement connue au ministère du Commerce qui la consulte au besoin dans ses enquêtes sociales, et qu'elle participe valablement à tous les actes officiels qui sont actuellement permis en France au monde du travail.

« Nous sommes venus ici pour répondre à l'appel adressé à toutes les associations d'employés, ne pensant pas que nos convictions personnelles fussent un motif d'exclusion. Notre but, je le répète, n'est pas un but confessionnel, et nous n'avons d'autre ambition que de servir comme vous la grande cause des employés. »

Le ton décidé de Zirnheld, son calme, sa mesure, et aussi la loyauté parfaite de ses déclarations impressionnent très favorablement l'assemblée qui paraît de moins en moins comprendre l'intervention de Rozier.

M. Bologne, Conseiller communal socialiste de Liège, vient jeter dans le débat un nouveau grain de bon sens :

« J'engage, dit-il, les camarades à admettre le syndicat en question. Nous avons fait appel à toutes les bonnes volontés ; il nous apporte la sienne ; nous n'avons pas à discuter ses opinions philosophiques ! »

Cette intervention d'un socialiste est plutôt dure pour Rozier. Il le sent et essaye de persuader Bologne qu'il connaît mal la situation. Dalle ajoute complaisamment que nous nous opposons « à l'émancipation de la pensée humaine » ! Nous ne pensions pas que notre cas fût aussi grave. A ce moment, Troclet, député socialiste de Liège, demanda la parole.

« Je l'avoue, la première idée qui me vint à l'esprit fut que Troclet, après avoir entendu dire « tue ! » allait crier « assomme ». C'était faire pour le moins un jugement téméraire :

« Je partage l'opinion de Bologne, fait Troclet ; pourquoi exclure les catholiques ? Je me souviens qu'un incident semblable à celui-ci surgit un jour, dans une assemblée en Suisse. Permettez-moi de conclure comme le fit alors M. Decurtins qui déclara : « Notre esprit doit être un esprit de large neutralité. »

Bologne ajoute encore quelques mots qui serrent la discussion de plus près, et fait cette jolie démonstration du droit commun :

« Il y a ici des délégués de syndicats neutres, mais il y en a d'autres qui représentent des syndicats aux idées politiques nettement déterminées. Ainsi, j'ai l'honneur d'appartenir à un syndicat socialiste. Si vous voulez être logiques, il vous faut exiger mon exclusion. Or, mes pouvoirs ont été validés sans opposition.

« Tenons compte de ceci : jusqu'à ce jour un grand nombre de sociétés n'ont pas adhéré, parce qu'elles craignaient un accueil intolérant. L'occasion actuelle est excellente de leur démontrer qu'elles avaient tort et que, quelles que soient leurs opinions confessionnelles, politiques et sociales, elles seront toujours les bienvenues parmi nous, si elles ont pour objet de rechercher l'amélioration de notre sort. »

On applaudit ces paroles empreintes d'une vigoureuse logique. Rozier sent qu'il n'est pas suivi par la majorité des délégués, que ses amis politiques même réprouvent sa manière de voir, et qu'il lui sera difficile de déloger la question de son véritable terrain. Et alors, il se fâche.

« Je constate, s'écrie-t-il, qu'au nom de la tolérance, vous admettez ici l'intolérance ! »

Cette fois l'assemblée ne comprend plus du tout. De fait, il semble bien qu'en criant à l'intolérance, Rozier parle de corde dans la maison d'un pendu. C'est ce que fait remarquer Zirnheld en disant :

« J'ai exposé pourquoi nous avons organisé un mode spécial de recrutement. Je proteste donc contre la parole que vient de prononcer M. Rozier.

« Nous avons été admis au Congrès international de 1900 ; en 1902 on nous a exclus du Congrès national de France, c'est vrai ; mais il me semble que c'est seulement alors que l'on a pu crier à l'intolérance. »

Mais voici que les « réserves » de nos antagonistes vont decrescendo, Dalle et Rozier ne s'opposent pas systématiquement à notre admission, ils ont voulu simplement attirer l'attention du Congrès sur un cas particulier. Est-ce parce qu'ils sentent la partie perdue qu'ils se résignent à faire des concessions au libéralisme ; est-ce plutôt conscience d'avoir joué un rôle bien ingrat ? Nous l'ignorons, mais nous penchons pour cette dernière hypothèse. Finalement, Bruggemann, qui avait déjà fait remarquer que la Fédération internationale n'entendait point faire acte d'exclusivisme, déclare l'incident clos par notre admission.....

Cet événement, quoique modeste en soi, eut une portée

considérable et inspira diversement la presse de tous les pays. D'une façon générale, on s'indigna du manque de tact des révolutionnaires français qui n'avaient pas craint de donner à une assemblée internationale de travailleurs le spectacle de gens mettant le sectarisme au-dessus des intérêts de leur classe. Par contre, l'énergie des représentants du Syndicat des Employés du Commerce et de l'Industrie fut louée d'autant plus chaleureusement que ceux-ci, une fois admis au Congrès, tinrent à prouver la droiture de leurs sentiments professionnels en acceptant et en remplissant avec succès le rôle de rapporteurs des deux commissions les plus importantes du Congrès.

Le renouvellement du Conseil supérieur du Travail, en 1903, amena une nouvelle série d'incidents.

Le candidat de la Chambre syndicale révolutionnaire, M. Delle, avait été élu par 847 voix contre 655 voix à M. Bourdin, candidat des syndicats indépendants. Ce résultat ne pouvait être considéré comme sérieux, car ladite Chambre syndicale figurait sur la liste définitive des syndicats électeurs pour 11.701 membres alors que la liste provisoire ne lui reconnaissait que 3.467 membres [1]. Il était inadmissible qu'une telle augmentation d'effectif fût survenue en aussi peu de temps ! Les syndicats dont M. Bourdin était le candidat exposèrent au ministre du Commerce les raisons de leur scepticisme. Ces raisons étaient sans doute probantes, car le ministre, après une longue enquête, annula par décret une élection aussi singulièrement obtenue.

Cette décision fut médiocrement goûtée des révolutionnaires qui se pourvurent aussitôt devant le Conseil d'Etat et formulèrent contre les syndicats protestataires et principalement contre le Syndicat des Petits-Carreaux une demande reconventionnelle tendant à les exclure de la liste. Pour ce dernier, on prétendait tout simplement qu'il n'était pas un syndicat parce qu'il fallait être catholique pour en faire partie. La dialectique était indigente. Aussi le pourvoi fut-il rejeté. Un an après, les deux candidats soutenus par le Syndicat des Petits-Carreaux étaient élus à une très grosse

---

1. On sait que, pour les élections au Conseil supérieur du Travail, les syndicats ont droit à 1 voix par 25 membres.

majorité. Quant à la question de la légalité du Syndicat, elle était résolue un peu plus tard par un arrêt du ministre du Commerce que nous reproduisons ci-dessous :

Attendu... qu'il a été formulé une protestation en date du 23 septembre 1904, émanant de la Chambre syndicale des Employés dont le siège est à Paris, 3, rue du Château-d'Eau... consistant à dire que le Syndicat des Employés du Commerce et de l'Industrie, dont le siège est à Paris, rue des Petits-Carreaux, 14, n'est pas un syndicat parce qu'il faut être catholique pour en faire partie ;

Attendu que la loi du 21 mars 1884 a réservé aux tribunaux civils l'appréciation de la légalité ou de l'illégalité des syndicats et *que la question litigieuse soulevée dans l'espèce n'ayant pas provoqué la dissolution par lesdits tribunaux,* c'est à bon droit que le syndicat susvisé a dû être porté sur la liste électorale ;

. . . .

> Par ces motifs,
> Décide :
> Les protestations susvisées sont rejetées.

Paris, le 15 mai 1905,

Le ministre du Commerce,
F. DUBIEF.

Cependant, les sectaires ne désarmaient pas. Peu difficiles quant au choix des moyens, ils se livrèrent bientôt à une nouvelle tentative qui eut pour théâtre l'Hôtel de Ville de Paris, en décembre 1905.

Depuis plusieurs années, le Syndicat était admis au nombre des associations subventionnées par le Conseil municipal pour leurs bureaux de placement gratuit. M. Rozier, secrétaire général de la Fédération nationale des syndicats d'employés, et conseiller municipal de Paris, remplaçant le rapporteur habituel de ces subventions, eut le triste courage de demander au Conseil d'exclure le Syndicat des Petits-Carreaux à cause de son recrutement particulier. Le Syndicat, suivant ses adversaires sur le terrain qu'ils avaient choisi, adressa à tous les conseillers municipaux un mémoire réfutant longuement les allégations de M. Rozier et, après de nombreuses et énergiques démarches, il obtint enfin gain de cause.

Ce n'est pas sans intention que nous nous sommes attardés à ces luttes, car elles nous semblent comporter une moralité. Si les dirigeants du Syndicat s'étaient laissé intimider par les matamores du syndicalisme, ils eussent compromis l'avenir de leur œuvre et retardé l'essor du syndicalisme chrétien en France. Décidés à faire respecter leur drapeau, instruits de cette vérité que la force des anticléricaux est souvent faite de la faiblesse ou de la résignation des catholiques, ils acceptèrent la lutte, qu'ils n'avaient pas recherchée, avec toutes ses éventualités. Que les syndicats chrétiens qui éclosent un peu partout aujourd'hui se souviennent, le cas échéant, de cet exemple !

****

L'Exposition internationale de Saint-Louis, où le Syndicat obtint une médaille d'or, lui fut une occasion de prouver que son action extérieure ne lui avait pas fait perdre de vue le développement de ses services.

Toutefois, le Syndicat était parvenu à une heure décisive de son existence. Le 15 avril 1907, il quittait le local de la rue des Petits-Carreaux pour s'installer au 14bis, boulevard Poissonnière, et réorganisait complètement son administration. Nous laissons à M. Zirnheld le soin d'exposer les circonstances de cette transformation [1].

« A partir du 15 avril prochain, vraisemblablement, le siège social du Syndicat sera transféré 14bis, boulevard Poissonnière, au deuxième étage, où un très beau local permettra à la fois de donner à tous nos services l'extension nécessaire et de procéder à l'établissement de notre restaurant syndical et de notre service coopératif.

« Cette transformation, utile à plus d'un titre et depuis longtemps désirée, ne s'est point opérée sans que le Conseil ait eu à résoudre de nombreux et difficiles problèmes et que la confiance qu'il a dans la force du Syndicat et la fidélité des syndiqués ait été mise à l'épreuve. Mais devant les désirs si souvent formulés, devant le concours que les syndiqués lui ont offert et qui, en quelques jours, a permis de faire face aux nécessités financières

---

1. *L'Employé*, 5 avril 1907, *Notre exode*.

Syndicat des Employés.

*

de l'entreprise, devant les encouragements précieux qu'il a reçus de ses amis, devant ses propres aspirations, le Conseil n'a pas cru pouvoir reculer et il a accepté, avec une confiance entière dans l'avenir, la responsabilité de cette audacieuse, mais nécessaire initiative.

« Nous n'avons pas voulu nous endormir dans la quiétude des résultats acquis, car c'est d'un effort sans cesse renouvelé que vivent et prospèrent les œuvres ; nous n'avons pas voulu nous laisser aller à ce sentimentalisme vague qui s'enchaîne aux vestiges du passé, aux pierres des demeures chères, et nous avons virilement entrepris la tâche qui s'offrait à nos efforts. Notre œuvre n'est point l'esclave des pierres qui l'ont abritée, parce qu'elle fut édifiée dans le cœur même de nos syndiqués et qu'en eux toujours elle possédera des assises immuables, quel que soit le lieu où elle devra essaimer. »

Les nouveaux locaux furent bénis par Mgr Amette, alors coadjuteur du Cardinal-Archevêque de Paris, le 26 mai 1907, au milieu d'une grande affluence. La plupart des amis que le Syndicat comptait dans le monde du clergé, de la science, du Parlement et des œuvres catholiques, lui donnèrent à cette occasion d'inoubliables marques de sympathie.

Des confidences faites postérieurement témoignent des graves difficultés matérielles avec lesquelles le Syndicat se trouva aux prises pendant les dix-huit mois qui suivirent son installation. Mais la compétence et la ténacité de ses administrateurs dominèrent la situation.

Les 7 et 8 juin 1908, le Syndicat réunit un Congrès d'organisation syndicale, nécessité par les nombreuses relations qu'il entretenait depuis longtemps avec la province et destiné à promouvoir la fondation de sections et de syndicats autonomes. 22 délégués, représentant 16 villes, assistèrent à ce congrès au cours duquel fut donnée, d'une façon très brève, la formule du syndicalisme tel qu'on le conçoit aux « Petits-Carreaux ».

« Catholiques dans notre recrutement, professionnels dans notre action, indépendants parce que professionnels, administrateurs pour être indépendants. »

Le 5 janvier 1909, l'*Employé*, organe du Syndicat, en annonçant l'augmentation de son format, s'exprimait ainsi :

« L'agrandissement de notre modeste publication correspond à l'extension prise par le Syndicat pendant ces douze mois, intérieurement et extérieurement.

Intérieurement, la lourde administration des nombreux intérêts dont nous avons désormais la garde s'est encore affermie. L'équilibre nécessaire entre les services directement professionnels et les services économiques a été réalisé et le jeu régulier de leur concordance, de leur solidarité nous permet d'envisager une action de plus en plus féconde. Peu à peu, nos syndiqués s'habituent à utiliser dans toutes les circonstances de leur vie la force que peut représenter une association de 5.000 travailleurs unis par le double lien de la charité évangélique et de la profession.

Extérieurement, les idées fondamentales de notre œuvre, depuis longtemps semées par toute la France, ont simultanément germé en maint endroit. Las de la fastidieuse recherche d'une neutralité syndicale pratiquement irréalisable ; écœurés des procédés par lesquels les aventuriers de toute couleur tentent de mettre la main sur l'organisation professionnelle ; décidés néanmoins à sortir de leur isolement, de nombreux travailleurs catholiques de province édifient à leur tour des syndicats véritablement professionnels. C'est un peu à leur intention, d'ailleurs, que nous augmentons aussi considérablement le format de notre journal qu'ils ont voulu, dès le premier jour, considérer comme leur organe naturel.

D'autre part, nous avons affronté, pour la première fois, des luttes difficiles dans lesquelles, à défaut du succès matériel, la victoire morale nous est finalement restée[1]. »

Le 25 avril de la même année, le Syndicat fêtait son cinq millième membre.

Les années suivantes, tout en amenant de nouveaux progrès dans les services existants, furent marquées par l'extériorisation du Syndicat. Des sections et des syndicats autonomes se fondèrent un peu partout en province, si bien que les 26 et 27 mai 1912, un Congrès national réuni à Paris proclamait la nécessité d'une Fédération des syn-

---

1. Allusion à la campagne prud'homale de 1908, au terme de laquelle les candidats présentés par le Syndicat échouèrent grâce à une coalition des rouges et des jaunes.

dicats d'employés catholiques français. En outre, le Syndicat accentua son action professionnelle et, sans pratiquer jamais une surenchère contraire à ses principes, put affirmer publiquement son souci des intérêts de la corporation.

A ce dernier point de vue, on peut dire que le Syndicat trouva la récompense de ses efforts et parvint à conquérir une influence réelle dans le monde des employés organisés. Cette influence se fit sentir notamment aux élections prud'homales qui eurent lieu à Paris en décembre 1911. Le Syndicat avait présenté son Secrétaire général contre l'un des meneurs des plus en vue de la C. G. T. La campagne fut très violente en raison de l'attitude du candidat révolutionnaire, dont les calomnies et les propos orduriers desservaient d'ailleurs la cause. Des réunions tumultueuses eurent lieu, notamment à la Bourse du Travail où les cégétistes constatèrent avec stupeur que les catholiques, non seulement n'avaient pas craint de les suivre, mais encore réussissaient à les dominer. Finalement, le candidat du Syndicat était élu par 718 voix contre 442.

Au même moment, la section du Mans faisait également élire ses quatre candidats au Conseil des prud'hommes. Il convient de signaler que, dans les deux cas, le recrutement catholique du Syndicat ne fut nullement dissimulé et que les adversaires le soulignèrent en s'efforçant d'en tirer tout le parti possible.

Le Syndicat célébra ses noces d'argent, le 3 novembre 1912, par une série de fêtes imposantes, notamment par une messe solennelle que présida S. E. le Cardinal Amette à la Basilique de Montmartre, au milieu d'une énorme affluence. Toute la presse amie ou adverse rendit compte de ce vingt-cinquième anniversaire, non sans en faire ressortir les enseignements.

Quelques semaines plus tard, le Souverain Pontife faisait au Syndicat le grand honneur de nommer son président, M. Jules Zirnheld, chevalier de l'Ordre de Saint-Grégoire-le-Grand. Cette auguste approbation, donnée si délicatement, a redoublé la confiance des syndiqués dans la portée et dans l'avenir de leur œuvre.

L'avenir ! C'est dans le passé que les dirigeants actuels du Syndicat en recherchent les idées directrices. La preuve nous en est offerte par les lignes suivantes, extraites d'une déclaration du Conseil syndical datée du 5 janvier 1912 et par laquelle nous terminerons cet historique :

« Plus que jamais, il faut que nous soyons unis dans la charité chrétienne comme l'ont été nos devanciers. Oui, nous devons rester nous-mêmes, afin d'être utiles aux autres. Oui, nous devons travailler à faire de plus en plus du Syndicat la providence professionnelle du syndiqué, capable de répondre à toutes ses préoccupations, à toutes ses aspirations légitimes vers le bien-être et vers l'indépendance.

Sans doute notre horizon s'est élargi, sans doute, nous avons, au fur et à mesure du développement de notre entreprise, étendu à toute la corporation des employés, à tous les prolétaires cet amour du prochain qui rapprocha d'abord les premiers syndiqués, et la tâche en est devenue plus vaste. Mais nos forces se sont accrues, grâce à Dieu, dans les mêmes proportions que l'effort demandé. Elles s'accroîtront encore si ceux des nôtres qui ont au cœur la passion du dévouement veulent se donner sans réserve à l'œuvre qui, tout en les soutenant eux-mêmes, amènera dans la société contemporaine un peu de cette justice dont doivent avoir faim et soif les vrais disciples de l'Evangile ! »

Programme du Syndicat.

Le Syndicat, établi conformément à la loi du 21 mars 1884, a pour but d'unir les employés catholiques pour l'étude et la défense de leurs intérêts professionnels et économiques. Tout en s'efforçant d'assurer à ses membres la sécurité dans l'emploi, l'aisance dans la famille et l'élévation dans la position sociale, il entend participer d'une façon effective au mouvement général du travail. Il poursuit donc l'aboutissement des revendications corporatives par une action constante auprès des pouvoirs publics et des syndicats patronaux, action concertée dans toute la mesure du possible avec les différentes organisations d'employés et d'ouvriers.

Le Syndicat, placé sur un terrain nettement professionnel [1], s'interdit toute action étrangère aux intérêts de la profession. Estimant que l'amélioration du sort des travailleurs ne peut résulter que du développement de leur conscience et de leur valeur professionnelles, de la ferme revendication de leurs droits, mais aussi du respect des droits d'autrui, il réprouve la lutte systématique des classes et toutes les formes d'action violente qui découlent de ce principe.

Ainsi donc, et en théorie tout au moins, le Syndicat paraît avoir réalisé l'équilibre entre les intérêts particuliers des individus et l'intérêt général de la corporation. Visiblement, il veut que ses membres arrivent, mais il veut avec la même force, que des conditions de travail acceptables soient faites à tous les professionnels sans distinction. Cette double préoccupation se retrouve aisément dans les différents services que nous allons très brièvement passer en revue.

___

Services du Syndicat.

___

ACTION PROFESSIONNELLE

Placement.

Le Syndicat, famille professionnelle du travailleur, suit celui-ci dans toutes les circonstances de la vie et doit commencer par lui assurer un emploi convenable. C'est le rôle du Placement que le S. E. C. I. a organisé pour son compte avec une attention particulière, puisque ce service occupe à lui seul un employé rétribué.

Depuis son origine, le Syndicat a pu procurer plus de 10.000 emplois, tant à ses syndiqués qu'aux jeunes gens sortant de l'école. Dans ce nombre entrent, pour une proportion respectable, les améliorations procurées aux adhérents que leur situation ne satisfait point.

Les placements sont faits d'après un tarif minimum de

___

1. Voir pour le sens de ces paroles les déclarations de M. Zirnheld au Congrès de Bruxelles.

salaires au-dessous duquel le Syndicat n'accepte pas de placer ses membres. Nous le reproduisons ci-dessous :

De 13 à 14 ans........... 30 à 50 fr. par mois.
De 14 à 15 ans........... 60 »
De 15 à 16 ans.......... 75 »
De 16 à 17 ans.......... 100 »
De 17 à 18 ans.......... 125 »
De 19 à 21 ans.......... 150 »
Après le service militaire.... 150 à 175 »

Au-dessus de 150 fr., le tarif varie suivant la nature des emplois.

Ce tarif permet au Syndicat d'exercer la plus heureuse influence sur les salaires, trop souvent dépréciés par les agences ou les particuliers, pour qui le placement n'est guère qu'une opération commerciale.

Un grand nombre de placements sont effectués grâce au zèle des syndiqués eux-mêmes, qui s'empressent de faire connaître au Siège social les vacances dont ils sont informés.

Résultats en 1911.

OFFRES	DEMANDES	PLACEMENTS EFFECTUÉS									Emplois temporaires	Placements présumés [1]	TOTAL
		EMPLOIS FIXES										
		au-dessous de 70 fr.	70 à 99 fr.	100 à 124 fr.	125 à 149 fr.	150 à 174 fr.	175 à 199 fr.	200 à 249 fr.	250 à 299 fr.	300 francs et au-dessus			
3.858	1.922	193	115	142	180	294	90	60	15	8	144	26	1.267

1. Le chiffre des placements présumés, bien qu'approximatif, peut être considéré comme un chiffre minimum. Il représente la moitié des offres au sujet desquelles les candidats envoyés n'ont pas fait connaître le résultat de leurs démarches.

Cours professionnels.

L'un des soucis dominants du Syndicat est de faire de ses membres des employés de valeur. A cet effet, il a établi douze cours professés par des techniciens rétribués et qui comportent les matières suivantes :

Comptabilité (3 années). — *Anglais* (2 années). — *Allemand* (2 années). — *Espagnol* (2 années). — *Sténographie; Dactylographie.* — *Economie politique.*

Le cours de comptabilité est sanctionné dans la troisième année par un diplôme de comptable qui permet souvent à son titulaire d'améliorer sa situation.

Le Syndicat organise, en outre, des cours professionnels dans certaines sections de Paris et de la banlieue.

Les cours sont fréquentés chaque année par 350 syndiqués.

Groupes professionnels

Le Syndicat comprenant des employés de toutes catégories a dû, dès le début, organiser des groupes correspondant aux différentes professions de ses membres. Ils ont pour mission d'étudier les conditions de travail et les améliorations à y apporter. C'est donc sur eux que se base en grande partie l'action professionnelle du Syndicat.

Les groupes poursuivent, en outre, la formation technique des syndiqués et établissent entre eux des rapports très utiles. Ils facilitent, par surcroît, le service du placement.

Conseil judiciaire.

La sécurité dans l'emploi, qui est le bien recherché le plus avidement par les employés, se trouve souvent compromise. Entre patrons et employés, les différends s'élèvent d'autant plus facilement que le contrat de travail de l'employé est resté léonin. Le Syndicat renseigne le syndiqué sur ses droits. S'il est sollicité d'intervenir, il se livre à une rapide enquête, s'assure que les torts ne sont pas du côté de l'employé, et propose au patron une solution amiable. On finit par transiger la plupart du temps. Si le patron reste intraitable, l'affaire est portée devant les tribunaux par les soins du conseil judiciaire du Syndicat. Des indemnités assez fortes ont été obtenues ainsi.

Le conseil judiciaire est composé de plusieurs avocats à la cour, d'un avoué et d'un agréé au tribunal de commerce. Il donne aux syndiqués des consultations juridiques gratuites, même pour leurs affaires privées. Plus de 500 consultations sont données, chaque année, tant par le conseil judiciaire proprement dit que par le secrétariat du Syndicat.

ACTION ÉCONOMIQUE

Caisse de prêt gratuit et de secours.

Quelle que soit la valeur de l'employé ; quelle que soit l'efficacité des appuis qu'il trouve au Syndicat, il est des circonstances de sa vie dans lesquelles il a besoin d'un service plus direct. L'impécuniosité a tant de causes involontaires ! C'est une naissance, une maladie, un décès, une de ces mille infortunes passagères qu'un secours discrètement et fraternellement apporté peut aider à surmonter. La caisse de prêt gratuit et de secours a été fondée pour répondre à cet ordre de nécessités. Les prêts sont gratuits, c'est-à-dire non productifs d'intérêts. L'emprunteur remet en échange de la somme reçue des billets dont il fixe lui-même le nombre et les échéances. Lorsque, malheureusement, la situation est telle que le remboursement est considéré comme impossible, le prêt est transformé en don.

Les prêts varient ordinairement de 5o à 200 fr. Ils ne peuvent dépasser cette somme.

Cette caisse couvre également les frais de la couronne déposée sur la tombe des syndiqués décédés et ceux occasionnés chaque année par la célébration d'un service commémoratif. Si le Syndicat est avant tout une œuvre matérielle, on voit qu'il n'oublie point les âmes, et que les délicatesses de la charité chrétienne ne sont point absentes de son organisation.

La caisse de prêt gratuit et de secours est alimentée par des quêtes faites aux assemblées générales, par des dons (signalons, parmi les plus précieux, les dons faits par d'anciens emprunteurs remis à flot) et par des fêtes données à son profit.

Depuis sa fondation, la caisse a avancé ou donné plus de 10.000 fr. Elle a distribué 1.3oo fr. pendant les terribles inondations de 1910.

Mutualité.

A côté du Syndicat, mais recrutée parmi les syndiqués et leurs familles, fonctionne une société de secours mutuels : la Fraternité commerciale et industrielle. Ses avantages sont grands puisque, pour une cotisation de 2 fr. par mois, elle assure :

1° Les soins du médecin et les médicaments ;

2° Une indemnité de 2 fr. par jour pendant les trois premiers mois de la maladie, et de 1 fr. par jour pendant les trois mois suivants. (Après six mois, des secours supplémentaires peuvent être accordés si les ressources de la Société le permettent) ;

3° Des secours aux membres participants et à leur famille en cas de besoins urgents ;

4° Une indemnité de 2 fr. par jour pendant vingt et un jours aux femmes en couches ;

5° Une retraite aux membres âgés de 60 ans et ayant acquitté leurs cotisations pendant vingt ans au moins ;

6° Un secours de 50 fr. aux ayants droit du sociétaire décédé.

Les enfants des sociétaires sont admis moyennant une cotisation de 0 fr. 50 par mois donnant droit aux soins médicaux et pharmaceutiques.

L'avoir de la Fraternité commerciale et industrielle s'élève à l'heure actuelle à 35.000 fr.

Coopération.

« Sans doute, réclamer du législateur des lois en faveur de l'amélioration du sort des travailleurs ; essayer de défendre sa profession contre l'abaissement du salaire ; chercher à rendre meilleures les conditions du travail, c'est un but noble vers lequel il est bon de tourner à la fois les regards et les efforts, mais moins dans l'espérance de l'atteindre que pour soutenir les courages et supporter les difficultés de la route. En attendant, il faut vivre avec le salaire que l'on a ; avec les risques de chômage et de maladie ; avec la perspective de l'inévitable fin de tous les rêves humains. Là encore le Syndicat, admirable instrument de protection, comme il peut être une merveilleuse arme de combat, doit offrir au syndiqué les moyens de mieux vivre avec le même salaire et de se garantir à bon marché contre tous ses risques. Il y parvient par la coopération et par la mutualité. »

Ces lignes, extraites du rapport général de l'année 1903, indiquent bien que la Coopération fut un des premiers et est restée l'un des plus appréciés avantages du Syndicat. Limitée à l'origine à l'indication de fournisseurs privilégiés accordant des escomptes aux syndiqués, elle s'est étendue au point de nécessiter la création d'une société spéciale dont le fonctionnement mérite d'être expliqué.

La Société coopérative du Syndicat des employés du commerce et de l'industrie, fondée en 1907, a un capital de 10.000 fr. dont les 7/10 sont possédés par le Syndicat, et le reste par les membres du conseil. Il y a donc entre les deux organismes des liens très étroits qui assurent la subordination de la Coopérative au Syndicat, subordination indispensable, l'idée syndicale devant dominer tous les services sans exception. Un capital-obligations de 25.000 fr. a été également souscrit par des syndiqués. Il est, en majeure partie, remboursé à l'heure actuelle.

Les opérations de la Société coopérative sont les suivantes :

1° *Achats directs chez les fournisseurs privilégiés.*

Les syndiqués, en payant leurs achats chez les fournisseurs, réclament une facture acquittée, sans avoir à faire connaître leur qualité. Les factures sont déposées au siège de la Société, et celle-ci les présente en fin de mois aux fournisseurs qui lui versent l'escompte y afférent. Sur cet escompte, la Société prélève un faible pourcentage pour ses frais généraux et porte le surplus au compte de chaque syndiqué ;

2° *Achats en fabrique et dans les maisons de gros* pour le compte des syndiqués. Ce système s'applique surtout aux objets importants et coûteux ;

3° *Achats en commun* de certaines denrées de consommation courante, telles que le charbon et les pommes de terre. Chaque année un adjudicataire est désigné et doit livrer au domicile des syndiqués, suivant un tarif connu de tous ;

4° *Vente d'articles divers au magasin coopératif* du siège social. Ce magasin comporte notamment un rayon de vêtements et un rayon de chaussures sur mesure.

Pour l'année 1911, le chiffre d'affaires de la coopérative s'est élevé à 638.088 fr. 80, et 35.000 fr. ont été remboursés aux coopérateurs, lesquels sont au nombre d'un millier environ. Ce résultat est à souligner et n'est point, d'ailleurs, le seul qui soit intéressant. La Coopérative prend à sa charge, en effet, d'assez gros frais que le Syndicat ne pourrait supporter s'il était livré à lui-même et permet, en conséquence, à l'action syndicale de se développer davantage. Par là la Coopération perd ce caractère purement mercantile que tant de bons esprits lui reprochent parfois non sans raison.

Restaurant.

La Coopérative exploite un restaurant qui donne journellement 33o repas. Pour un prix modique (1 fr. 15), le syndiqué y trouve un menu très suffisant. Ici, l'avantage moral n'est pas moindre que l'avantage matériel, car les jeunes gens peuvent échapper au milieu délétère que constitue le restaurant à bon marché, le *bouillon*. Combien de relations suspectes s'ébauchent dans ces établissements, que de mauvais exemples y sont donnés ! Le restaurant syndical permet d'échapper à cette promiscuité tout en faisant réaliser à l'employé une économie appréciable.

Villégiature.

Les applications de la Coopération sont des plus variées. L'organisation des villégiatures familiales et économiques en est une preuve. Chaque année la Société coopérative loue, soit à la mer, soit à la campagne, un hôtel ou une villa qu'elle exploite directement à l'intention des syndiqués et de leurs familles. Le prix du séjour est des plus modiques et varie, suivant les localités choisies, entre 2 fr. 5o et 3 fr. 5o par jour.

Le premier essai fut tenté à Saint-Laurent-sur-Mer en 1904 et 1905. L'année suivante le chalet du Crotoy abrita 284 personnes pendant 3.202 journées.

En 1907 fut loué, en totalité, le vaste hôtel Continental d'Onival. 715 personnes y passèrent 8.139 journées.

Depuis, la Société coopérative a loué successivement l'hôtel du Casino de Villers-sur-Mer, et, à Versailles, une villa de 35 chambres comportant la jouissance d'un parc de 16 hectares.

En dehors des hôtels gérés directement par la Société coopérative, celle-ci obtient aux syndiqués des conditions avantageuses pour leur séjour à la montagne, particulièrement en Savoie.

ACTION SOCIALE

Commission d'études.

« Il faut encore que le travailleur comprenne la portée totale des mesures dont il réclame l'application ; il faut qu'il soit conscient des devoirs qui incombent à sa force propre dans l'ensemble des forces économiques ; il faut, tout modeste employé ou ouvrier qu'il soit, qu'il acquière une science suffisante des lois qui régissent les phénomènes économiques, pour comprendre les causes des événements sociaux ; il faut, en un mot, que le Syndicat soit pour lui l'instrument de son élévation dans la position sociale.

« Si nous sommes parvenus à comprendre si complètement notre rôle — c'est une constatation que nous pouvons faire sans vanité — alors que d'autres hésitent encore, après de longues et pénibles expériences ; si nous avons si rapidement et si nettement su trouver notre voie et y marcher lentement mais sûrement ; si enfin, notre doctrine syndicale n'est point un ensemble d'affirmations vagues et parfois contradictoires, mais bien un solide faisceau de convictions éprouvées par la pratique ; n'est-ce pas à notre Commission d'études que nous le devons, n'est-ce pas à son programme soigneusement gradué et opiniâtrement poursuivi ; n'est-ce pas à la sincérité d'une étude qui loin de se complaire à un éclectisme dangereux, à un butinage facile, s'est soumise au contraire à la sévérité d'un labeur d'avance tracé et jusqu'au bout poursuivi ? Ah ! cette Commission d'études ! il faut en avoir apprécié les bienfaits, il faut avoir constaté tout ce qu'on a pu y acquérir de connaissances utiles, pour la louer comme il convient[1]. »

On voit par cette citation, quelle place considérable tient la Commission d'études dans le Syndicat. A l'origine, elle étudia certaines questions d'ordre intérieur et pratique jusqu'au jour où d'eux-mêmes, les syndiqués éprouvèrent le besoin d' « avoir une vue éclairée sur les graves questions qui agitent le monde du travail ». M. Jean Lerolle, alors étudiant, fut le premier conférencier de cette commission (où l'avait amené un savant et regretté ami du Syndicat, M. Claudio Jannet) et, pendant plusieurs années, il traita seul les sujets fondamentaux en livrant d'ailleurs ses idées à la discussion des syndiqués. Puis, les auditeurs s'enhardirent et, à partir de 1897, étudièrent chacun à tour de rôle sous la direction de M. Jean Lerolle et plus tard, de

---

1. Rapport général sur l'exercice 1903.

MM. Georges Piot et Auguste Champetier de Ribes les questions dont nous donnons plus loin l'énumération. Entre temps, on demandait à d'éminents amis de bien vouloir communiquer un peu de leur science à ces employés désireux de savoir afin d'agir, et c'est ainsi que MM. Paul Lerolle, Duval-Arnoud, Henri Bazire, des Cilleuls, de Contenson, de Gailhard-Bancel, Georges Blondel, Martin Saint-Léon, Raoul Jay, Henri Toussaint, honorèrent de leur appui et de leurs encouragements les études des syndiqués des Petits-Carreaux.

Les sujets étudiés depuis l'origine sont les suivants : Les salaires ; les associations ; le capital ; le travail ; le commerce ; le citoyen et l'Etat ; la personnalité civile des syndicats ; les habitations à bon marché ; le ministère du Travail ; le secours mutuel ; les marchés à terme ; les conseils du travail ; la limitation de la durée du travail ; la participation aux bénéfices ; l'arbitrage obligatoire ; les conseils des prud'hommes ; les retraites ouvrières ; le commerce intérieur et extérieur de la France ; les applications de l'idée syndicale ; les diverses catégories d'employés ; la situation économique de l'employé ; le code du travail ; le repos hebdomadaire ; le contrat de travail ; l'impôt sur le revenu ; le travailleur dans la société actuelle ; ce qu'un employé doit penser, connaître et espérer du commerce ; la concurrence ; l'histoire du travail ; les écoles sociales ; la législation du travail de l'employé.

A la façon dont le rapport que nous citions tout à l'heure salue les résultats de la Commission d'études, il est aisé de comprendre à quel point elle influa sur la formation des dirigeants du Syndicat. Nous verrons par la suite qu'elle fut également l'inspiratrice de leur action sociale.

Journal syndical.

Le *Bulletin du syndicat* fut créé en 1891. Il ne comporta d'abord que deux pages et ne parut que tous les deux mois. Puis il eut quatre, six et huit pages, et devint mensuel en 1897. Progressant avec le Syndicat lui-même, il se transforma en 1901 en un journal de seize pages, *l'Employé*.

Le journal syndical a été honoré très fréquemment de la collaboration d'hommes éminents. Nous citerons notamment : MM. Hyacinthe Glotin, Paul Lerolle, le marquis de Ségur, Léon

Harmel, Joseph Pégat, Hubert-Valleroux, l'Abbé Garnier, Paul Blanchemain, Paul Bureau, Max Turmann, Georges Blondel, Martin Saint-Léon.

L'*Employé* est exclusivement rédigé par des syndiqués. Il publie des études professionnelles, économiques et sociales, et des monographies du plus haut intérêt. La Commission d'études lui fournit, cela va sans dire, un aliment des plus substantiels. Grâce à lui, les idées directrices du Syndicat deviennent familières à tous les membres et il constitue ainsi un moyen de formation de tout premier ordre. Il n'est pas exagéré de dire que le syndicalisme chrétien lui doit un grand nombre de ses arguments théoriques et pratiques. D'autre part, les précieux renseignements techniques qu'il contient ont servi à documenter les études faites depuis quinze ans sur la situation de l'Employé.

Bibliothèque.

La bibliothèque syndicale contient un millier de volumes traitant exclusivement de questions sociales et professionnelles. Elle reçoit en outre régulièrement une soixantaine de revues et journaux. Ouverte toute la journée, elle permet aux syndiqués de s'instruire eux-mêmes et de préparer les rapports et conférences dont ils peuvent être chargés.

Comité des conférenciers.

Pour répondre aux besoins de sa propagande, le Syndicat a créé un Comité de conférenciers dont les membres, pris parmi les habitués de la Commission d'études, reçoivent une formation spéciale et sont initiés, d'une façon essentiellement pratique, à l'art de parler en public.

Commission des soldats.

Cette commission a pour but de mettre en rapports les syndiqués partant au service avec leurs camarades qui sont sous les drapeaux. Les syndiqués soldats sont dispensés de toute cotisation pendant leur séjour au régiment, mais le Syndicat reste en relations constantes avec eux, tant par *l'Employé* que par des circulaires spéciales. Il les réunit au siège social une fois par an. Enfin, il leur procure un emploi dès leur retour. Ainsi s'affermissent les liens qui rattachent les syndiqués à leur œuvre; ainsi s'impose à eux la pratique du devoir social.

Démarches auprès des pouvoirs publics
et du patronat.

Les travaux de la Commission d'études présentent cet intérêt assez rare d'être sanctionnés par des actes. Les vœux votés par la Commission d'études sont transmis aux Commissions parlementaires et au gouvernement afin qu'il y soit donné suite.

Nous avons parlé plus haut de la documentation fournie au Conseil supérieur du travail par le Syndicat. Mais nous tenons à rappeler quelques-unes de ses démarches à l'occasion de réformes importantes.

L'extension de la juridiction prud'homale aux employés a été puissamment aidée par le Syndicat. Si nous nous reportons en effet à 1904, c'est-à-dire au moment des premières discussions de la loi devant le Sénat, nous remarquons que la droite de la Haute Assemblée avait tout d'abord témoigné au projet qu'elle croyait uniquement soutenu par les syndicats révolutionnaires une vive hostilité. Et, de fait, les voix de la droite unies à celles du centre formèrent une majorité qui repoussa l'extension une première fois, malgré la lettre que le Syndicat avait adressée à chaque sénateur et dont M. Trouillot, ministre du Commerce, donna lecture à la tribune du Sénat, pour prouver aux adversaires que les employés catholiques revendiquaient de toutes leurs forces la juridiction prud'homale. Le Syndicat résolut alors d'intervenir auprès de ses amis du Sénat afin de les éclairer sur le sens exact d'une revendication commune à tous les employés. Du coup, la plupart des sénateurs qui avaient voté contre ou s'étaient abstenus se prononcèrent en faveur de la réforme, et M. *de Lamarzelle*, renseigné par le Syndicat, prononça même à cette occasion un discours social qui le fit accuser par l'extrême-gauche de démagogie. Si la loi ne fut pas votée immédiatement, du moins le principe en fut-il admis dès ce moment par les amis du Syndicat, grâce à qui elle devint bientôt un fait accompli.

Une autre loi sociale, celle de 1906 sur le repos hebdomadaire, doit également beaucoup au Syndicat.

Malheureusement, comme toutes les lois d'intérêt électoral, celle-ci est incomplète et les bons esprits reconnaissent unanimement la nécessité de la modifier, ou plutôt d'en faire une nouvelle qui réglerait à la fois la question du repos hebdomadaire et celle de la limitation de la durée du travail (semaine anglaise). Sur ce point, les idées et les efforts du Syndicat aboutirent au dépôt, par M. le *comte de Mun*, d'un projet de loi donnant pleine satisfaction aux employés.

Pour citer une petite réforme d'ordre pratique, le Syndicat obtenait dernièrement du ministre des Travaux publics qu'il assimilât les employés ne gagnant pas plus de 2.400 fr. aux ouvriers, en ce qui concerne les abonnements à la semaine sur le réseau des chemins de fer de l'Etat.

Il ne suffit pas de contribuer à faire voter des lois protectrices ; il faut veiller à leur application. Le Syndicat ne néglige pas ce devoir ; il se fait l'interprète de ses membres auprès de l'inspection du travail, chaque fois qu'une infraction aux lois et règlements en vigueur lui sont signalés. Dans certains cas, se rapportant à l'hygiène des locaux, il a pu obtenir de sensibles améliorations.

Le Syndicat intervient encore fréquemment auprès du patronat, non seulement à raison du placement et du conseil judiciaire, mais pour des raisons d'ordre général ; signalons spécialement, dans cet ordre d'idées, les démarches faites en vue de l'élévation des salaires dans les banques.

Participation aux Congrès corporatifs.

La simple énumération des congrès auxquels le S. E. C. I. a participé permet de mesurer l'influence qu'il a su acquérir dans le monde des employés :

1899. — Congrès de la Prud'homie, tenu à la Bourse du travail de Paris. Le délégué du Syndicat, M. J. Guillebert, est nommé rapporteur.

1900. — 1" Congrès international des Employés, tenu à la Bourse du travail de Paris. Délégués du Syndicat : MM. Rossin, Géant, Zirnheld, Salvert, Verdin, Baumann, Viennet, Guillebert, Blanc, Dubart.

1900. — Congrès de la Protection légale des travailleurs, tenu au Palais des Congrès à l'Exposition universelle de 1900.

1900. — Congrès du repos du dimanche, tenu au Palais des Congrès à l'Exposition de 1900.

1901. — Congrès national des retraites, tenu au Musée social. Délégué du Syndicat : M. V. Rossin.

1902. — 9e Congrès national des Employés, tenu à Bordeaux.

Le délégué du Syndicat, M. J. Guillebert, est nommé rapporteur de la 2e Commission.

1902. — Congrès pour le repos du dimanche dans l'industrie du Bâtiment, tenu à la Bourse du commerce de Paris.

1903. — 10ᵉ Congrès national des Employés, tenu à Nancy. Délégués du Syndicat : MM. Baumann et Lafaix.

1903. — 2ᵉ Congrès international des Employés tenu à Bruxelles. Les délégués du Syndicat, MM. Zirnheld et Viennet, sont nommés rapporteurs de la 2e et de la 4e Commission.

1904. — 11ᵉ Congrès national des Employés, tenu à Limoges. Délégués du Syndicat : MM. Batifoulier et Guillebert. M. Guillebert est nommé rapporteur de la 3ᵉ Commission.

1905. — 12ᵉ Congrès national des Employés, tenu à Tours. Délégués du Syndicat : MM. Viennet, Tanésy et Schneider. M. Viennet est nommé rapporteur de la 4ᵉ Commission.

1906. — 13ᵉ Congrès national des Employés, tenu à Paris. Délégués du Syndicat : MM. Zirnheld, Verdin, Viennet, Armand, Blanc, Batifoulier frères, Guillebert. M. Guillebert est nommé rapporteur de la 3ᵉ Commission.

1907. — 14ᵉ Congrès national des Employés, tenu à Lyon. Délégués du Syndicat : MM. Brunet et Viennet. M. Viennet est nommé rapporteur de la 1ʳᵉ Commission.

1908. — 15ᵉ Congrès national des Employés et Congrès unique des deux Fédérations d'employés, tenus à Rouen. Délégués du Syndicat : MM. Armand et Viennet. M. Viennet est nommé rapporteur de la question du repos hebdomadaire.

1909. — 16ᵉ Congrès national des Employés, tenu à Limoges. Délégués du Syndicat : MM. Flament et Viennet. M. Viennet est nommé rapporteur de la 1ʳᵉ Commission.

1910. — 17ᵉ Congrès national des Employés, tenu à Grenoble. M. Flament, délégué du Syndicat, est nommé rapporteur de la 3ᵉ Commission.

1911. — 18ᵉ Congrès national des Employés, tenu à La Rochelle. Délégués du Syndicat : MM. Armand et Viennet. M. Viennet est nommé rapporteur des questions des vacances annuelles et de la suppression des étalages.

Groupements fondés par le Syndicat des Employés du Commerce et de l'Industrie ou avec son appui.

L'expérience lui ayant démontré l'efficacité de ses méthodes, le Syndicat a tenu à prêter son concours à l'organisation des travailleurs catholiques, quelles que fussent leurs professions. Sans s'immiscer en rien dans le fonctionnement et dans l'administration des groupements ainsi formés, il s'est mis à leur disposition avec une entière bonne volonté.

En dehors de ses sections de province, le Syndicat a fondé ou secondé la fondation des groupements suivants :

Syndicat ouvrier des Industries du Livre, 18, rue du Dragon, Paris.

Syndicats ouvriers, 14, boulevard Poissonnière, Paris. Ces syndicats ont succédé au mouvement syndical de la rue des Petits-Carreaux qui compta, à un moment donné, 6 syndicats avec un millier de membres. Ces Syndicats se dispersèrent pour des causes diverses.

Syndicat français des gens de maison, 22, rue Lauriston, à Paris.

Syndicats féminins, 5, rue de l'Abbaye, à Paris.

Syndicats féminins, 3, impasse Gomboust, à Paris.

Union professionnelle des Employés d'Amiens.

Syndicat libre des Employés rémois.

Syndicat des Employés de Commerce et de Bureau de Moulins.

Syndicats ouvriers, 56, rue de l'Université, à Paris.

Syndicat des Employés du Commerce et de l'Industrie, à Toulouse.

Syndicat des Employés du Commerce et de l'Industrie, à Marseille.

Syndicat indépendant des Employés, à Dijon.

Syndicat professionnel des Employés de la région lyonnaise, à Lyon.

Syndicat des Employés du Commerce et de l'Industrie, à Poitiers.

Union professionnelle des Employés, à Roubaix.

La Providence du Travail, à Calais.

Asociacion general de Empleados de Oficina de Vizcaya, à Bilbao (Espagne).

Syndicat des Employés du Commerce et de l'Industrie, à Montréal (Canada).

ORGANISATION DU SYNDICAT

Conseil d'administration et bureau.

Le Syndicat est administré par un conseil élu par l'Assemblée générale et composé de vingt et un membres renouvelables par tiers chaque année.

Le Conseil d'administration nomme lui-même un Bureau chargé de la direction effective du Syndicat et composé de : un président, deux vice-présidents, un secrétaire-archiviste, un trésorier, un trésorier-adjoint.

Commissions.

Pour assurer le fonctionnement et la progression du Syndicat, le Conseil répartit ses membres entre les Commissions suivantes :

Recrutement ; — Groupes professionnels ; — Placement ; — Cours professionnels ; — Conseil judiciaire ; — Coopération ; — Secours mutuels ; — Hygiène ; — Etudes ; — Rédaction ; — Relations extérieures ; — Bibliothèque ; — Soldats ; — Fêtes.

Ces commissions comprennent, outre les conseillers, tous les syndiqués désireux de participer à leurs travaux. Elles présentent chaque année un rapport d'ensemble sur les résultats qu'elles ont obtenus et sur leur programme d'action.

Sections de la région parisienne.

Afin de remédier dans toute la mesure du possible aux inconvénients que pourrait présenter la centralisation des services, le Syndicat établit des sections locales dans toutes les régions de Paris et de la banlieue où l'agglomération d'un certain nombre de syndiqués rend cette création nécessaire. Les sections ont principalement pour but :

1° De propager l'action syndicale dans le rayon et dans les milieux assignés à leur initiative.

2° De transmettre aux syndiqués toutes les communications et toutes les nouvelles intéressant le Syndicat ; de faciliter, d'autre part, leurs relations avec le siège social et de recueillir leurs vœux et desiderata pour les soumettre au conseil d'administration.

3° De mettre à la portée immédiate des adhérents certains services tels que le *placement*, la *coopération*, les *cours professionnels*, etc..., dont l'éloignement du siège social leur rendrait l'accès peu facile.

Les rapports entre le siège social et les sections sont assurés par des délégués nommés par le conseil.

Au surplus, les sections ne peuvent avoir d'administration autonome et relèvent directement du conseil syndical.

Sections de province.

Le Syndicat des Employés du Commerce et de l'Industrie est un syndicat national. Il peut donc se recruter dans toute la France. Lorsque le nombre des adhérents individuels domiciliés dans une même localité lui paraît suffisant, le conseil syndical les groupe en section. Chaque section est administrée par un bureau dont la nomination doit être ratifiée par le Siège central. Vis-à-vis de l'autorité administrative, les sections constituent des syndicats autonomes et ont une existence légale qui leur permet d'agir sur leur terrain propre.

Siège social.

L'exécution du travail matériel nécessité par les services est confiée à des agents salariés nommés par le conseil et comprenant :

Un Secrétaire général responsable de la bonne marche de l'ensemble des services et chargé de la correspondance générale, de la préparation des réunions diverses, de l'administration du journal, de l'exécution des décisions du conseil et des commissions ;

Un Caissier-comptable chargé de la caisse et des comptes, de la tenue des livres, de la correspondance relative aux opérations de caisse et de comptabilité ;

Un délégué au Placement chargé de recevoir les demandes d'emploi des syndiqués et de mettre ceux-ci en rapport avec les patrons ;

Un Encaisseur chargé du recouvrement des cotisations à domicile.

PRINCIPALES DISPOSITIONS STATUTAIRES

Recrutement.

Art. 6. — Pour faire partie du Syndicat il faut :

1° Etre employé ;

2° Etre Français, notoirement catholique et âgé d'au moins 16 ans ;

(Le Syndicat admet, à titre de membres aspirants, les employés qui, n'ayant pas atteint 16 ans, remplissent toutefois les autres conditions exigées par les statuts.)

4° Etre présenté par deux membres du Syndicat et admis par le Conseil ;

5° Payer un droit d'entrée de 2 fr.

Cotisations.

Art. 9. — Les membres du Syndicat devront payer tous les ans, à l'avance, entre les mains du trésorier du Syndicat, la somme de 6 fr.

Récompenses obtenues aux Expositions Universelles.

Paris, 1900 : Médaille d'argent.
Saint-Louis, 1904 : Médaille d'or.
Londres, 1908 : Diplôme d'honneur.
Bruxelles, 1910 : Diplôme d'honneur.

CONCLUSION

La monographie du Syndicat des Employés du commerce et de l'industrie touche à tant de points qu'elle demanderait, pour être complète, de nombreux développements. Mais nous devons nous limiter et tirer la conclusion de tout ce qui précède.

Que le Syndicat soit né et se soit développé dans des conditions favorables, aucun de ses dirigeants passés ou présents ne songerait à le contester. Cependant, les épreuves ne lui ont pas été ménagées. A quoi donc tient son succès indiscutable, succès proclamé à l'envi par les maîtres du catholicisme social ? Tout d'abord à la foi profonde qui anima ses fondateurs et resta la grande force de l'élite syndicale. On ne saurait trop insister sur ce point. La foi a produit là tout naturellement la discipline et la cohésion, grâce auxquelles le Syndicat, tout en progressant, a pu conserver son homogénéité.

Parce qu'ils étaient chrétiens, les fondateurs du Syndicat ont été modestes, ennemis de la publicité tapageuse qui dispense du travail effectif. Chaque étape nouvelle n'a été franchie que lorsque les forces acquises le permettaient et comme, d'autre part, la persévérance ne fit jamais défaut aux syndiqués, ils évitèrent le double écueil de la présomption et de la pusillanimité.

Et puis, le Syndicat a été indépendant. Tandis que certains abusaient de ce noble mot d'indépendance au point d'en faire un synonyme de servilité, il a pratiqué la chose, non point d'une façon hargneuse, en proclamant que le syndicalisme se suffit à lui-même et doit repousser toute règle extérieure et tout conseil, mais en écartant toute ingérence et en refusant tout service, tout concours susceptible d'entraver sa marche. Cette indépendance lui a permis d'exercer une action positive et de conquérir cette réputation de loyauté professionnelle, devant laquelle s'inclinent ses adversaires de bonne foi.

Enfin, le Syndicat a rendu des services. Il ne s'est pas contenté d'entrevoir une cité future parfaite et d'y donner rendez-vous à ses adhérents ; il a voulu aider à la construire tout en s'efforçant de rendre moins inhabitable la cité présente ; l'organisation pratique l'a toujours séduit davantage que l'idéologie.

Puisque le Syndicat a réussi, il faut l'imiter. Pendant longtemps, on a prétendu qu'il constituait une expérience isolée, réalisable à Paris et chez les employés, mais impossible à reproduire en province ou dans les professions industrielles. Or, les nombreux syndicats d'employés ou d'ouvriers catholiques, fondés à Paris et en province, enlèvent toute valeur à une telle assertion. Nous souhaitons donc, en terminant cette brochure, qu'elle fasse connaître davantage le vétéran du syndicalisme chrétien en France et surtout qu'elle éveille chez quelques-uns de nos lecteurs le désir d'adapter à leurs milieux son œuvre de régénération chrétienne et sociale.

CHARLES VIENNET,
Secrétaire général du Syndicat des Employés,
Conseiller prud'homme de la Seine.

Bar-le-Duc. — Impr. Brodard, Meuwly et Cⁱᵉ. — 6828,3,14.

Original en couleur

NF Z 43-120-8

LE SYNDICALISME

Son origine

Son organisation

Son rôle social

Par O. JEAN

UNE BROCHURE DE 116 PAGES

L'exemplaire : 1 fr. franco.

TABLE DES MATIÈRES

www.ingramcontent.com/pod-product-compliance
Lightning Source LLC
Chambersburg PA
CBHW061643060726
47597CB00005B/2033